企业摆脱经济危机的五大方略

稻盛开讲
06

稻盛和夫

周征文 —— 译 （日）

人民东方出版传媒
People's Oriental Publishing & Media
东方出版社
The Oriental Press

以心為本的經營

编者按

　　如今，全球经济形势低迷，甚至被称为"百年一遇"的萧条期。在这场风暴中，许多企业为了渡过难关而拼命努力。如何才能摆脱这场危机？如何才能发现新机遇的萌芽？"经营之圣"稻盛和夫先生将在本书中条理清晰、简明扼要地为各位读者娓娓道来。

　　稻盛先生作为京瓷公司及KDDI的创始人，他克服重重困难，把这两家企业打造为世界级的大企业。如今，他是盛和塾的塾长，在这个以新兴企业家为对象的培训机构中，他为学员倾注心血，在该教育活动中，他阐述了与众不同的人生哲学及经营理论。

稻盛先生的演讲字字珠玑，惜有幸亲临现场聆听者甚为有限。此次整理演讲原文，悉数结集出版，并将CD随书一同发售，望能惠及更多人士。

本系列CD书，若果真为诸位的人生助一臂之力，成就辉煌未来，那可谓是荣幸之至。

本书CD将稻盛和夫在2008年11月4日举行的盛和塾山梨开塾式以及同年12月

17 日举行的盛和塾关东地区共同例会上的演讲整理成文，CD 中收录演讲原音。会议现场录制，音质可能会有不尽人意之处，望能予以谅解。

本书 CD 是基于 KCCS 管理咨询株式会社所发售的《稻盛和夫经营讲话 CD 系列》特别卷《渡过苦境——本着一颗关怀之心、真诚之心，付出不亚于任何人的努力》的内容来制作的。

由于本书的内容是讲话的录音，为了让读者更便于阅读与理解，部分内容的语句措辞在编辑时做了适当改动。

目录

金融危机的起因

经营者应该以身作则，端正思想

如何渡过石油危机

如何应对经济低迷

拼命努力时神灵都会出手相助

确立高收益谱贤

金融危机的起因

次级贷款是一切的
始作俑者

　　想必各位也对前段时间所发生的金融危机很熟悉，这次危机以美国为起源地，继而波及世界，导致全球经济形势陷入困境。

　　美国金融界出现的问题在欧洲、亚洲，直至全世界产生连锁反应，导致各地金融机构陷入巨大危机，这点并不奇怪，但让我意想不到的是，居然连实体经济都受到了如此大的影响。

让我们重新来审视一下美国这次金融危机的原因所在。想必各位也知道，在美国，当信用度较低的社会阶层的人想买房时，也可以申请贷款，这便是所谓的次级贷款。这种融资方式的初衷是想让低收入阶层，也就是所谓的"高风险借款人群"也能够买房。

这种次级贷款的利息一开始并不高，但在一两年后，利息就会大幅上浮。这就是次级贷款的"游戏规则"。

当时利用次级贷款来购房的人们自然是

对美国房地产业抱着乐观的态度，当时美国的房地产业形势大好，房价也是年年上涨。

因此，不管是放贷方还是借贷方，都认为次级贷款买房是一桩好买卖。即便在一两年后利息上浮，所购置的房产的涨幅也完全能够偿还这部分利息。

金融机构打着这样的幌子到处放贷，可是随着美国房地产泡沫的破灭，房价开始下跌。

这样一来，利息就像滚雪球一样了。前面也提到，次级贷款的利息并非恒定不变。一开始较低的利息，随着每年的不断上浮而变得极高。

另一方面，借款人购置的房产却在不断贬值，因此对借款人而言，就没希望还清贷款了。于是贷款便成了不良债权，成了金融机构收不回来的坏账。

于是，作为放贷方的银行就没收了借款人的房产，导致了越来越多的"空置房"出现。

既然还不起钱，就没收抵押担保的房产。如果事情就这样收场，那倒也不算太糟，可次级贷款的总数额实在太大。银行把借出去的钱都变成证券，不管是可能根本收不回来的债权，还是存在若干问题的不良债权，都以"证券"这种金融产品的形式卖到了全世界。

高风险的金融产品自然有高收益率。而这种"次贷证券化"的金融产品所鼓吹的收益率也是非常诱人。

世界各地的金融机构持有大量投资资金，他们对于高收益率的金融产品可谓"趋之若鹜"。而这种"次贷证券化"的金融产品收益诱人，因此获得了各金融机构的青睐。于是，世界各地的金融机构争相购买这种证券。

然而，由于通过次级贷款购房的人们相继破产，以次贷债权为基础的次贷证券本身也迎来了灭亡。

　　于是，在全世界范围内，所有持有该证券的企业及金融机构都摊上了一笔巨大的不良资产。

"轻松发大财"的
方法论所导致的弊害

如今的金融界已经今非昔比，据说在技术上已经突飞猛进。他们引进高水平的数学家和统计学家，致力于开发各种金融产品，力图使其走入人们的现代生活。

在像我这样的"老派人士"看来，金融活动是很单纯的行为。无非是缺钱的人向有钱的人借钱，最

后连本带利还清，仅此而已。可如今的金融
业已经是另一番景象了。

如今的金融机构利用高等数学知识研究
出"证券化"的手段，从而制造出了各种所
谓的"金融衍生产品（derivative）"。这种金
融衍生产品的买卖能够带动比实体经济高出
几十倍的资金流动，而且由此产生的收益也
非常可观。因此这样的金融衍生产品一经推
出便风靡世界。越来越多的机构或个人以这
样的手段从事金融活动，使其逐渐成为一种
产业。

我们这代人是在实体经济中成长起来

的。尤其是我们日本，制造业是中流砥柱。大家辛苦劳累、调度原料、召集工人、从早到晚忙于生产。

与此相比，靠一张纸和一台电脑就能获得巨额收益的金融业真可谓是摇钱树和万宝槌。以美国和英国为代表的国家，在过去十年间一直在把经济发展的重心逐渐转移到金融业。

于是，伦敦的金融城和美国的华尔街吸引了全世界的金融机构。而其他国家亦是如此，大家都想把自己国家的大都市打造成金融业的"圣地麦加"，从而吸引全世界的金融机构涌入。

一支笔、一个账簿、一台电脑，只要有这三样东西，就能调动世界范围的资金并从中牟利。换言之，"轻松发大财"的倾向已然成为了资本主义发展的潮流尖端，大家都想利用这种"新技术"来搞活经济。

纵观我们的产业界，面对这样的形势，也有不少企业"不甘寂寞"，认为"光搞生产没有意义，应该进军金融业"，于是染指金融业。目前这样的企业仍为数不少。

在我看来，这正是人们"轻松发大财"的肤浅思想在作怪。人们不断膨胀的欲望炮制了一个又一个新的金融产品衍生，并使其在全世界范围扩散。我认为这正是这次金融危机的原因所在。

我认为发生金融危机并不奇怪。追本溯源，我们人类不断膨胀、贪得无厌的欲望正是导致这次金融危机的根本原因。也就是说，人类好逸恶劳的肤浅思想酿成了恶果。

光明正大地

追求利润

经营者应该以身作则，端正思想

若要经营企业，
则必须具有关怀之心

我们中的大多数人经营着中小规模的企业。人们一般或许不认为这是什么了不起的事业，但不管是5名员工还是10名员工，既然办企业，那势必会有雇用，而员工们都有自己的家庭。作为企业家，我们担负着守护自己员工的责任，包括守护员工的家人。

纵观日本的产业界，中小企业所占的比例极大。中小企业的员工可能占到了日本产业用工的八到九成。

即便是只有 5 到 10 名员工的小企业，企业家也抱着"不能让员工失业，不能让员工及其家人流落街头"的意志拼命努力经营。包括在场的各位在内，我对这些企业家们有一个期望，我希望大家能够出色地经营企业，而为了做到这点，企业家就必须提升自己的心性。

既然经营企业，就必须追求收益，因此人们往往会认为企业家必须不择手段，贪得无厌，可事实上却与此正好相反，要想把企业经营得顺风顺水，恰恰需要善良之心、关怀之心。换言之，企业家必须具有美丽的心灵。

拥有一颗"利他之心"，关怀体谅他人之心，是至关重要的。如果缺乏这样的心灵，那么经营企业也好，增加收益也好，都无从谈起。

希望各位也能对这点感同身受，并且运用到日常的经营活动中。

我认为，如今整个人类正面临着一次有关"活法"的重大转型，即接受知足之心、利他之心，从而改变先前充满欲望的生活方式。我甚至认为，如果不能完成这次转型，那么人类的现代文明便会跌入灭亡的下坡路。

越是艰苦，就越要通过
互助来渡过难关

早在江户时代，当时的近江商人（所谓近江商人，是指江户时代从现在滋贺县地域的近江国里走出来的商户，他们长年行商于大阪和江户之间，逐渐形成一股商业势力，人称"近江商人"。——译者注）一语道破了成功经商的秘诀——"三方好合"。即"卖家受益""买家受益""社会受益"。换言之，商人在做买卖时，不是只顾自己得到好处，而是在自己受益的同时，也让买东西的顾客受益，进而让整个社会都受益。这正是近江商人经商哲学的精髓所在，也是我们需要重新认识和思考的要点。

也就是说，通过贯彻与人为善的行为准则，来取得商业上的成功。这便是我想对大家传递的思想。

我知道，如今大家的处境都非常艰难，想必也有不少人因为"明天无法结清账目""金融机构不肯发放贷款"等问题而苦恼不已。

不过，不管多么艰苦，都不要一心只想着自己的活路，而是要以团结互助的方式咬牙共渡难关。这是我衷心希望各位企业家去实践的一种活法。

可让人感到痛心的是，每当经济不景气时，即便是一些大企业，也会采取"先拿外聘员工开刀"的做法，比如逼迫外聘员工合同期满后辞职，或是让他们搬离员工宿舍。

当代资本主义中存在一种观点，即在看待人件费（人件费包括员工的工资、加班费、劳保费及津贴等费用。——译者注）时，把人视作物件。一旦企业由于经济低迷而束手无策时，往往就会削减经费，而人员费用的削减往往是"无法幸免"的。

如果企业家把利他之心、体谅关怀和怜悯关爱作为企业经营的中心思想，那么在面对类似的困难时，则完全可以采取其他的对策。譬如社长以身作则，自己降薪三成，继而让公司的董事降薪两成，然后让包括干部在内的正式员工全体降薪一成，那么省出来的钱就能养活外聘员工了。"虽然现在薪资有所下降，但真心希望大家努力坚持一年，直到经济恢复景气"。我认为，需要以这种真诚的提案去和工会交涉。

这样一来，我相信工会的人也会认真听取建议，于是可能就会对当下企业的困境表示理解，让大家团结一心，共渡难关。

以關懷之心

誠實處事

如何渡过

石油危机

当订单量跌落至十分之一时，
我所下的决断

1973 年，爆发了第一次石油危机，当时我还处于不惑之年。

石油危机从那一年的 10 月 6 日开始，直到第二年，即 1974 年开春，经济大环境才显露出急转直下的颓势。

以京瓷为例，在过年后的 1 月份，月订单的总金额高达二十七亿五千万日元，可到了 6 个月后的 7 月份，月订单总金额就急剧缩减到了二亿七千万日元，只相当于 1 月份的十分之一。这样一来，相应的产量也缩减到了原先的十分之一，因此九成的员工就只能闲着。当时正值不惑之年的我，第一次遭遇到了经济危机。

由于我之前一直把"以员工为本"作为企业经营的原则，因此在面对这样的危机时，就愈发感到苦恼，在冥思苦想之后，我召集了全体员工，对他们说了以下这番话。

"咱们没有足够的订单来保持产量，如果让大家一起去完成这仅剩十分之一的生产任务，那会降低效率，导致生产能力的大幅退化。因此我决定让十分之一的员工去完成这十分之一的产量，剩下的员工就只能待工。不过光闲着的话就太浪费了，因此待工的员工就去打扫和清理工厂，让陈旧的厂房焕然一新。大家还可以把院子搞得漂漂亮亮的，还可以垒花坛、种花草"。

就这样，在我的指挥下，员工们以轮班制的方式工作，而大多数待工的人则清扫厂房、修缮庭院、打造花坛、整理操场。这样的方式持续了好几个月。

到了那一年的11月，我召集了企业干

部，向他们传达了我的决定——从社长到股长，全体管理层都要降薪。身为社长的我降薪30%，而其他人中，降薪幅度最低的为7%。我对他们表明了我的宗旨——无论如何都要努力避免裁员。

如何让员工接受
冻结加薪的决定

当时的日本处于战后经济持续发展的繁荣期。在石油危机爆发之前，日本的经济可谓蒸蒸日上。每年的"春斗"（春斗是指日本工人在每年春天，为改善工作条件和提高工资待遇而发动的劳工运动。——译者注），企业都会给员工加薪，工资涨幅甚至一度高达20%~30%。

那一年的12月，眼看下一年4月的"春斗"又迫在眉睫。可员工无活可干，企业无单可接。于是我对京瓷的工会提议冻结加薪，我对工会的人说："明年4月的加薪事宜，能否暂且不提？"

那时的我以全体员工及工会成员为对象，写了"告全体员工书"，其内容围绕着下一年（即1975年）的加薪事宜。我在文中提出了如下请求：

京瓷的各位同仁，大家辛苦了。

最近公司的订单大幅减少，在这样

的逆境下，各位同仁依旧坚守自己的岗位、努力工作，我对此表示衷心的感谢。

正因为企业处在这样的境况之中，作为社长的我坐立不安，奔走于海外。但在我的心中，一刻都没有忘记过各位。也正因为如此，在海外考察和寻求业务的过程中，我对经济大环境的低迷更加地"感之深、痛之切"，而再把视野转到日本，乃至我们京瓷时，就让我愈发感慨良多。

我喜欢一有机会就和各位分享自己的想法，因此在这次即将召开的劳资双方协商会上，请允许我再次向各位具体阐述我的想法。

　　我写了这样的文书，并提出了"明年冻结加薪"的请求。当时的工会成员们非常郑重地听取了我的意见，并且答应了冻结加薪的要求。

　　第二年4月，其他的公司纷纷竖起了工会斗争的大旗，劳资双方互相争议，但在这股"工会要求雇用方加薪"的"春斗之风"中，唯独京瓷的工会对企业不加薪的举措表示理解。

全体员工团结一心
守护公司

　　然而，当时京瓷的工会隶属于全纤同盟（全纤同盟是"全国纤维产业劳动组合同盟"的简称，类似于中国的全国产业工会。——译者注）。而全纤同盟的干部却认为京瓷工会的判断是荒谬的，因此向京瓷工会施加压力。

　　当时工会组织的主流思想认为：

经营企业的资本家总是会找各种理由来拒绝加薪，因此劳动者们不能屈服。越是这种时期，就越该采取强硬态度来取得加薪斗争的胜利。

因此全纤同盟对于京瓷工会允许雇用方冻结加薪的态度大跌眼镜，于是对京瓷工会施加压力。

对此，京瓷工会发出了这样的宣言：

"我们的宗旨是通过劳资双方团结一致的方式来守护企业。以目前公司的状况，社长冻结加薪的要求并非无理取闹，因此我们工会才会接受这样的决定。如果全纤同盟认为我们的做法是荒谬的，那我们就脱离全纤同盟"。

加入京瓷工会的人多达数千。这么一个大规模的工会要是脱离了其隶属的上级组织，对上级组织而言是莫大的耻辱。而且上级组织是可以对下级工会的会费进行抽成的，因此这对上级组织的收入来源也是一个巨大的损失。另外，如果这种脱离组织的风潮波及了其他下属工会，那么上级组织本身的存在价值也就丧失殆尽了。因此当时的全纤同盟对京瓷工会施加了巨大的压力。但京瓷工会的成员们做到了"威武不能屈"，最后还是脱离了上级组织。他们的决心如此之坚定，这让我非常感激。

而就在冻结加薪那年的7月，经济突然就开始恢复景气了。此时距离石油危机爆发已经过去了一年半左右的时间，经济开始逐渐恢复，公司的业绩也在回升。因此，在那年发夏季高温补贴的时候，我在工会要求额度的基础上又另加了一个月的高温补贴，等于在7月份给员工发放了3个月加1个月，共计4个月的高温补贴。并且在再次加薪时，我宣布要算上上次冻结加薪时欠下的那份儿，等于在时隔一年后，我给全体员工加薪 22%。

1975 年（现场录音中，稻盛先生的原话是"1976 年"，但其实应该是 1975 年。——编者注）9 月，京瓷的股价涨至每股两千九百九十日元的高位。之前，日本股价最高的股票一直是索尼，但那次京瓷超越了索尼，拔得日本股价的头筹。

也就是说，正因为企业与员工团结一心，共渡经济难关，才能有京瓷今天如此的成就。

当时还正值青壮年的我，面对订单在短短几个月内缩减至十分之一的困境，做出了刚才所讲述的一系列决策。而对于在座的各位，我也希望你们能够和自己的员工一起咬紧牙关，克服困难，努力奋斗。

提高核算意识

如何应对
经济低迷

共享思维方式，
力求公司内部的融合与团结

接下来，我想和大家谈谈有关应对经济低迷期的对策。

一旦经济低迷，企业势必陷入窘境。在这种时候，首先必须考虑的问题是"如何让企业与员工之间形成融合、团结的关系"。

"哲学"这个词一直是我挂在嘴边的。我说的所谓"哲学"，就是一种思维方式。而作为企业家，应该把自己的思维方式告诉员工，让员工理解，从而做到思维方式的共享。

也就是说，作为一家公司的社长，必须使自己的员工拥有和自己同样的思维方式、同样的思想境界、同样的哲学信仰。这种思想的传达必须是全方位的，即便是最基层的员工，譬如打零工的学生、当临时工的已婚妇女在内，都要传达到位，从而使企业人员能做到上下一心。

传达哲学思想绝非是单单"走过场"的领导讲话，必须让全体员工一起理解、一起共享。

如果能够达到上述的"理解、共享"的状态，那么企业就等于形成了"社长为员工着想，员工为社长着想"的氛围。

一旦经济大环境低迷，社长作为企业的经营者，势必会感到非常不安。这种心境，就好比在伸手不见五指的黑夜中，一个人独自提着灯笼行走在坑坑洼洼的羊肠小道，脚步不稳，如履薄冰。光是想象一下，就让人心生不安。

如果经常看古装剧，就会常常看到这样的一幕：做批发生意的老板在走夜路时，他的学徒会提着灯笼走在前面。明明是做批发生意的有钱人、大老板，可在走夜路时却要一个还不谙世事的学徒提着灯笼为他"打头阵"。但只有这样才会让老板感到心里踏实。

走夜路尚且如此，更不用说在遭遇经济低迷时的心境了。作为社长，没法去依赖任何人。这真的就好比自己提着灯笼行走在险峻的黑暗之路中。

在这种情况下，心生不安，希望有人陪着自己前行，哪怕就一个伴儿也好。有这种想法也是人之常情。

公司在平时是否就具有"社长常常为员

工着想，员工常常为社长着想"的企业人际关系，这一点至关重要。一旦经济出现低迷，这种人际关系的有无，将对企业产生重大影响。

企业一旦处于经济不景气的大环境，那就可能会陷入"发不出奖金或者少发奖金"的窘境。员工的收入大幅缩水，企业不得不让员工暂时"勒紧裤带"。这种状况是会发生的。

而更为极端的情况是，企业再也无法养活这么多员工，所以只能辞退部分员工。也就是不得不裁员，面对经济低迷的冲击，或许有的企业会无可奈何地走上这条路。

之前员工和社长之间一团和气的关系，一旦面临不得不扣奖金、裁员的事态，员工所遭受的这些压力必然会使之前良好的劳资关系变得紧张。员工变得不安，在思想上也与社长渐行渐远。

而在企业家看来，越是这种困难时期，员工就更应该上下团结一心。当企业不得不减少员工的奖金时，如果有员工能站出来说："社长，我们接受您的决定。我们会继续追随您，和您一起打拼。"那该多好。任何一个企业家都希望有这种"能在黑暗中打着灯笼走在社长前面"的员工。但现实往往相反，之前企业和谐、经济繁荣时一直追随着社长的员工，在企业陷入困境时，"大难临头各自飞"是常态。

正是为了避免这种情况的发生，我才会一直苦口婆心地建议大家在平时就要与自己的员工共享思维方式和哲学信仰，要通过在公司内举办读书会和联欢会，努力让员工和自己"同心同德"。

如果这点大家目前还无法做到位，也大可不必因为觉得"为时已晚"而气馁。大家可以把今后企业将会面临的严酷经济环境以

"打预防针"的形式不断告知员工。

"在不久的将来，迫于形势，公司的确可能会减少各位的奖金。但我会拼着这条性命来守护公司。并且，我会珍惜每一位留下来的员工。希望各位信任我、追随我。或许暂时无法给予各位良好的条件和待遇，但通过上下共同的努力，等到我们公司渡过难关、展翅腾飞的那一天，我一定会给大家足够的、满意的奖金薪酬。希望大家能够相信我、追随我。"

作为企业家，必须像这样真切地向员工倾诉自己的想法，从而获得员工的理解和支持。时不我待，我希望大家立即开始实践这种方式。

企业家必须把自己的想法"孜孜不倦""春风化雨"般娓娓道来，这样才能让公司员工对社长产生信任。

换言之，社长要毫无保留地把目前企业所面临的困境如实告知员工。

"目前的现实情况就是这样，但我打算咬紧牙关努力渡过难关。所以我希望大家也能跟随我打拼。"

作为企业家，必须以这种坦诚相见的方式与员工进行交流沟通。

如果大家还没有与自己的员工建立起这样的关系，那么请从现在做起，逐渐养成与员工交流的习惯。在交流形式方面，比起召集一大帮员工的"领导训话"方式，我认为更应该采用"一对一交流"的平等对话方式。

"今后的经济环境恐怕会变得非常糟糕，但我会拼命努力。我会努力不让任何一名员工下岗，尽量避免奖金的减少。可能我会对大家要求严苛，但希望大家能够追随我。"

我认为，作为一名企业家，就应该像这样与员工开诚布公、毫无保留地进行交流，从而获得员工的支持和协助。

通过彻底削减经费来
打造企业的"高收益体质"

第二大方略是削减各种经费。削减经费非常重要。

我知道超过一半的中小微型企业是不会每个月都制作利润报表的，但我认为即便是中小微型企业，也必须尽量每个月都制作利润报表。

利润报表是企业经营的指南针。企业家必须一边参照利润报表，一边谋划公司的经营。可不少中小微型企业的经营者既没有制作利润报表的要求，也没有采取"以利润报表为参照物"的经营方式。

一旦经济大环境陷入低迷，就势必要削减经费。而首当其冲的便是削减制造成本。具体到制造业中，就是削减包括材料费在内的各项费用。

接下来要削减的是销售费用和管理费用。这两项费用涉及诸多账目，如果审视这些账目，就会发现诸如"明明只创造了这么点儿销售额，却使用了这么多经费"之类的问题。于是就会思考"这个项目要花费这么

多吗""如何才能实现减少一成费用的目标
呢"之类的问题，然后对照账目明细逐项削
减，这就是削减经费的工作。

为了削减经费，企业往往会做出各项规
定，比如"工厂办公室要节约用电，离开办
公室时要关灯断电"，这些做法都太稀松平
常了。

作为企业家，应该逐一审视销售费用及
管理费用的各项账目，思考如何才能削减经
费。如果没有这些相关资料，就应该先要求
会计师制作出来。

必须制作出最近几个月的月度利润报

表，然后一边查看账目，一边想方设法地削减经费。

我们这些企业经营者往往没有学过会计知识和账簿记录。本来按理说，不管规模多么微小的企业，如果企业经营者不懂会计知识和账簿记录，是无法从事真正意义上的经营活动的。因此大家必须从现在学起，至少要能够看懂利润报表，理解其内容。

只要让会计师制作出利润报表，费用项目就能一目了然。

曾经有位企业家向我咨询利润报表的事宜，当时我一边察看他们公司利润报表上的账目明细，一边对他提出了这样的建议：

"要控制这两项经费支出。如果做到的话，就能实现大约 10% 的利润率。由于你平时对账目明细的审查过于马虎，导致了你的企业明明生意兴旺，却仍出现了赤字。"

不少企业都是这样，虽然表面上看起来生意兴旺，但企业经营者却对会计相关事务漠不关心。就算难以做到每个月都看，但我还是建议大家至少要让会计师每三个月制作一次利润报表，从而审视企业是盈利还是赤字。当出现赤字时，就要考虑该削减哪些经费才能让企业扭亏为盈。

尤其当经济陷入低迷时，随着销售额的减少，削减经费就会变成迫在眉睫的紧急课题。因此我希望大家务必要实践我上面所讲的内容和方法。

　　如果能努力且彻底地削减经费，那么即便企业由于经济低迷的影响而减少了两成的销售额，也还能够维持企业的正常运作。材料费用大幅减少，销售费用及管理费用也大幅减少。因此即便销售额比原先减少了两成，也能实现盈亏基本持平。而如果能保持这样的成本控制，等到销售额回暖时，企业的收益就会立即增加。

在经济低迷时节俭经费，努力不让企业出现赤字，等到经济形势回暖时，你的公司就成了高收益企业。反之，如果无法做到在不景气的时候削减经费，那么即便等到经济恢复景气、销售额增加的时候，企业的各项经费开支也会随之增加，你的公司等于在原地踏步。

如果能从现在做起，努力削减经费，那么等到将来销售额提升、订单增加的"春天"到来时，你的公司势必会实现意想不到的飞跃，成为一家盈利能力极高的企业。

这就是我反复强调要制作利润报表、认

真审视账目费用明细的原因所在。这么做不仅是为了咬牙渡过眼前的难关，也是为了在将来更好地迎接经济复苏的"春天"。

经营者要主动自觉地
强化企业的经营能力

第三大方略是企业家要用心致力于经营。

如果老客户的订单以一成两成的幅度开始减少，那么即便去登门拜访这些客户，也很难争取到新的订单。在这种情况下，就需要增加新客户了。正所谓"东方不亮西方亮"，既然老客户的订单减少了，那就通过增加新客户来弥补。

不过，我指的并不是指挥公司的业务员东奔西走地跑业务，而是必须由社长"亲自出马"，不辞辛劳地去一家家登门拜访，从而拓展新客户。

而拓展新客户的要诀在于：不要只是一味地说"请给我们订单"。当然，这是拓展新客户的目的所在，也不能只字不提，但应该做到换位思考——如果客户把订单给了我们公司，那我们公司能为客户做出什么贡献呢？

因此，必须提出对客户而言具有建设性

的提案——如果采购我们公司的产品，对客户而言有这样那样的益处。换而言之，必须要让客户觉得有利可图，要让客户感到开心愉快。如果不能做到，就无法拓展客户，也无法争取到订单。

以自己处境艰难为由，在跑业务时一味恳求客户给予订单，这样的做法并不会轻易奏效。

不要仅仅依靠低价去拉拢客户，而要提供真正能够引起客户兴趣的信息，比如"如果和我的公司合作，就会有这样的益处""如果和我的公司合作，我们能为客户做到这些"等等。

具体来说，可以在很多方面下工夫，例如"不仅仅是价格优势，还能为客户提供这样那样的额外服务"等等。

在京瓷还只是一家中小企业时，我经常说："办企业和当佣人是类似的。"

甘愿承受客户的"颐指气使"，客户要求大半夜送货，就大半夜给客户送去。我认为，这种"像佣人伺候主人"一样的姿态，恰恰能够紧紧抓住客户的心。我自己对客户一直保持着这样的态度，也一直要求自己的员工这么做。

如果自己能细致入微地满足客户的期望，那么客户也势必会认同自己。于是客户说："如果要把这个订单交给其他公司，那还不如交给京瓷做。"

所以各位请务必用心致力于经营。要在推销和扩展业务方面下工夫、想点子，使得企业根基巩固、长足发展。

致力于研发
新产品、新商品

至于第四大方略，便是努力研发新产品和新商品。正是在经济低迷的时候，这一点才显得更为重要。

因为原有的订单量大幅减少，因此如果还依靠既有产品的话，是无法打开销路的。另一方面，即便是在经济不景气的大环境下，也仍然肯定有未被发掘的市场需求存在。

换言之，市场的需求是绝对不会完全饱和的。至于这潜在的需求是什么，就需要企业的高层通过"亲自公关""亲自推销"的方式去探求。

然后，在发现了市场的新需求点后，就要着手推进相应的研发与制造。这是企业研发新产品的基础和准绳。

即使你的企业并不从事制造业，这个道理也同样适用。你可以根据市场需求来选择采购的商品。也就是"什么销路好进什么，什么销路好卖什么"。

经济低迷的大环境正好是企业研发新产

品和新商品的时机，我们京瓷亦是如此。面对经济的不景气，京瓷以"死地求生"的精神和劲头，努力进行着新商品的研发工作。因此可以说，经济大环境的低迷期恰是企业研发新产品和新商品的最好时机。

绞尽脑汁
努力发挥创意

最后说第五大方略，企业家要在各方面努力发挥创意，为企业培育坚实发展的"苗子"，等到经济恢复时，便能使其"开花结果"，这点非常重要。

既然要经营企业，开展业务，那么创意自然是必不可少的。

"应该向客户提供怎样的服

务""怎样让客户受益""怎样让客户得实惠""怎样取悦客户"……对这些问题的思考便是创意的发挥，企业家必须亲身实践。

大家所开创的事业各不相同，因此无法单凭学习别人来取得成功，而必须自己独立思考。越是身处困境，就越要面对现实，拼命思考。在经营企业、开展业务时，一定要"以客户为本"，时刻思考"怎样的提案才能获得客户的订单"。我希望大家务必做到这一点。

另一个能够提升企业业绩的方法是拓展产品线。这一点我认为也很重要。

　　我给大家讲一个我已经在不同场合讲过多次的故事。

　　陶瓷这种物质具有坚硬耐磨的物理性能。制造和服与西服的纺织机，其绕线的纱锭部分原来使用的都是金属材质的零件。别看纱线又柔又细，由于在纱锭上高速摩擦，像金属棒之类的零件会立即升温发热，从而导致磨损。而如果用硬度极高且非常耐磨的陶瓷零件来代替的话，就能解决磨损过快的问题。因此在如今的纺织机械设备上，有不少零部件都是陶瓷材质的。

　　可一旦经济大环境陷入低迷，整个纺织

产业也会随之坠入低谷。之前用于纺织机械设备的陶瓷就会出现供大于求的情况，因此必须把多出来的陶瓷想方设法卖掉。

在我们京瓷公司，有一位市场眼光敏锐的业务员，他曾经登门拜访过静冈县的一家渔具店。

大家知道，有一种钓鱼方式叫投钓，要用到装有绕线轮的鱼竿。鱼竿上有导环，钓鱼线穿过导环前后高速移动。以前这种导环都是金属材质的，所以我们的那位业务员就向店老板提议，看能不能把金属材质的导环换成陶瓷材质的。

他对老板说："陶瓷耐磨，摩擦阻力也小。比金属更适合做导环。"

老板问道："那要花多少钱呢？如果是金属件的话，一个不会超过两日元，可如果换成陶瓷的，一个就要几十日元乃至几百日元，而且一根鱼竿上的导环可是有好几个的。完全没有优势嘛。"

于是我们的业务员说："并非如此。如果把金属件换成陶瓷件，那么渔具就会很上档次。"

那家渔具店的老板在听了这番话后，觉得我们的业务员是个挺有意思的人，于是答应尝试一下。老板用一根装上了陶瓷导环的鱼竿进行了近投钓和远投钓的试验。结果发现，由于陶瓷的摩擦阻力非常小，因此在抛竿时，与金属导环的鱼竿相比，鱼钩的飞行距离要远得多。

而且，当大鱼咬钩时，需要用绕线轮一鼓作气地收钩。此时如果是金属材质的导环，就会由于摩擦而生热。因此，大鱼咬钩时，如果钓鱼者拼命拽鱼竿，尼龙材质的钓鱼线就容易由于高温而断掉。这就是人们常说的"鱼带钩跑了"。而如果采用陶瓷材质的导环，就算承受超出正常范围数倍的负荷，钓鱼线也不会断。

这个绝妙的试验结果打动了那位老板，于是他开始在鱼竿上安装陶瓷材质的导环，以"价高但质优"的商品定位在市场上销售这种鱼竿，结果这种鱼竿的市场份额日渐扩大。如今，装有陶瓷导环的渔具已经在世界范围内普及。

这个故事就是"努力发挥创意"的一个活生生的例子。当时经济大环境低迷，之前用于纺织机械设备的陶瓷部件的需求量减少，我们京瓷的相关订单量也随之减少。而故事中提到的那位年轻的业务员为了开拓新市场拼命努力，一次又一次地登门拜访渔具店，最终成功开拓了一个全新的市场。

不管是增加销售额，还是拓展业务范围，都少不了"努力发挥创意"的精神。

"怎样才能争取到客户的订单？""应该经营何种业务"……即便我们不可能个个是妙计百出的诸葛孔明，也还是要勤于思考。这一点非常重要。

拼命努力时
神灵都会出手相助

每个人都要
"付出不亚于任何人的努力"

我希望各位都要"付出不亚于任何人的努力"。我之前一直在强调这点，在如今经济形势日渐低迷的大环境下，作为公司的社长，就更必须做到这点，以发挥表率作用。只有这样，员工才会纷纷学习仿效，从而营造出"公司上下，人人努力，唯恐落后"的企业文化。

要做到"付出不亚于任何人的努力"，绝对不是一件容易的事。这其实是一种"奋力拼搏"的生活态度。

纵观自然界，动物也好，植物也好，都在这么奋力拼搏地生存着。反之，以"懒散随意"的方式活着的，就只有人类而已。人类得益于高超的智慧及灿烂的文明成果，因此即便懒散一点，也还能存活。

我最近听说有一群"啃老族"，他们到了三四十岁还依靠父母的照顾而生活，有的年轻人甚至不去工作。这种情况，真的只有在人类中才会有。

让我们看看自然界的植物。在一年中最炎热的盛夏时节，在石墙和滚烫的柏油路的缝隙中冒出芽头的杂草。在阳光的不断照射下，石墙和柏油路都会变得如火烤一般，杂草恐怕活不了多久，就会因为高温炙烤而枯萎。即便如此，杂草还是拼命求生，每当一场小雨过后，它们都会顽强生长，在短暂的夏季开花结果，结束如惊鸿般短暂的一生。

以前，我看过一部讲述沙漠植物的纪录片。沙漠在一年之中只下一两次雨。在这珍贵的降雨过后，沙漠中的各种植物都会一起发芽。

降雨后，沙漠的湿润仅仅能保持一个月左右，但就是在这短暂的时间内，所有的植物抽叶、开花、结果，留下种子后枯萎。而种子则潜伏在沙漠中忍耐着地狱般的环境，默默等着来年不知何时会降临的甘露。而一旦短暂的雨水来临，种子们又会一起发芽，拼命生长，然后在留下"子孙"后死去。

像这样，在自然界，植物也好，动物也好，如果不这样奋力拼搏，就根本无法存活。唯独我们人类，活得懒散而随意。

拼命努力
必有回报

前面也讲过，"付出不亚于任何人的努力"是我一直在重复强调的一句话。而在如今经济低迷的大环境下，各位就更加需要把该理念付诸行动。大家一定要咬紧牙关，渡过难关。

如果企业家能够拼命努力，奋力拼搏，那么公司往往就能够支撑下去。而更重要的是，这种"付出不亚于任何人的努力"的态度，会引起神灵与自然的关注。

这种拼死努力的精神，必然会牵动神灵的恻隐之心，从而使神灵出手相助。正所谓"天道酬勤"，神佛对于努力生活的人，绝对不会漠然视之，定会予以保佑。

比如，意想不到的客户订单会突然"从天而降"；员工突然跑过来对社长说："社长，我一定好好地努力，永远追随你。"……这种出乎意料的好事情，会一件接一件地发生。

企业家只要以认真的态度拼命努力，就能获得神佛的保佑。因此我认为这是企业家应该具备的精神。

创造全人类和谐
共处的社会

当以俯瞰的角度审视人类的文明史时，我发现，人类的傲慢和贪婪，正是如今金融危机和经济低迷的始作俑者。

但是普遍的思潮却认为，如果人类做出反省，学会知足，反而会阻碍经济发展，使人类生活无法获得进一步的富足。满足现状的原地踏步，将会使世界经济陷入停滞。因此，等到目前这股经济低潮过去后，恐怕全世界的各个国家、地区和机构还是会再次掀起追求经济发展的热潮。

人类的现代文明，恐怕就会在这种"盛衰交替"的经济周期运动中走向灭亡。

我们这些个体不管怎么努力，也无法改变人类前进的方向，但作为企业家，至少能够通过守护自己的企业，从而守护企业所在地区的社会经济。相反，如果各位所经营的企业相继倒闭，那么企业所在的村、镇、城市，乃至该地区都会陷入混乱。因此我希望大家竭尽全力、拼命努力。

　　企业家要担负社会责任，为打造可持续发展的社会尽一份绵薄之力。为了做到这点，首先要把自己的企业打造成可持续发展型的企业。这便是我对各位的期望。

活法的真髓

稻盛和夫箴言集

6

51

之前的箴言集收录于"稻盛开讲"系列的以下分册中。

活法的精髓1(1~10)刊载于《稻盛开讲1:人为什么活着》

活法的精髓2(11~20)刊载于《稻盛开讲2:经营力》

活法的精髓3(21~30)刊载于《稻盛开讲3:作为人,何谓正确?》

活法的精髓4(31~40)刊载于《稻盛开讲4:付出不亚于任何人的努力》

活法的精髓5(41~50)刊载于《稻盛开讲5:六项精进》

成功也好，失败也好，都是宇宙的造物主给予的考验，造物主正在注视着你，看你如何应对这些考验。不管成败，都能凭借造物主提供的考验机会塑造自己美好心灵的人，这才是真正的胜者。相反，经不住这种考验的人就是败者。

　　　　　　　　《心法：稻盛和夫的哲学》

52

如果想由营销获得利润，就必须由采购计划开始下工夫。因此自古以来，大阪商业中心的主要商家,都是由店主自己负责进货。换句话说，卖货交给店长，进货由老板自己来。如果进价过高，再怎么会卖也赚不了多少利润，采购价格当然是越来越低才行。

　　《稻盛和夫的实学：经营三十四问》

53

企业的经营者必须在内心深处拥有"无论如何也要让自己的企业实现高收益"的意愿。如果企业老板自身不能拥有让企业实现高收益的强烈愿望，并依靠坚强的意志在实际企业经营活动中予以执行的话，那么无论企业具备什么样的知识和技术，依旧难以实现利润的增长。我所说的这种意愿并非是指一般的愿望，而是一种势在必得的"发自内心的强烈意愿"。

《稻盛和夫的实学：创造高收益》

54

人是脆弱的动物，一旦遭遇困难，不是从正面去挑战，而是马上寻找借口，意图逃避。这样做决不可能成功。不管处于何种严峻的状况之中，我们都要从正面接受，竭尽诚意，持续付出不亚于任何人的努力。这种态度是成功所必须的。

　　　　《活法伍：成功与失败的法则》

55

提升人性，即磨炼灵魂，这是最重要的。磨炼灵魂，塑造高尚的人格，这才是人生真正的目的。忽略这个目标，人活着就没有意义。虽说每个人走过各自的道路，到达人生的终点，但不管哪种道路，都是"造物主为了磨炼人性而赐予的道路"。

《心法：稻盛和夫的哲学》

56

如果把企业比作城堡的话，员工就是这座城堡最下面的石墙。在修筑石墙时，既需要巨石，也同样需要碎石。当用巨石垒出石墙后，还必须用大量的碎石来填充巨石之间的缝隙，这些碎石的作用就是要让整个石墙保持牢固。

《稻盛和夫的实学：创造高收益》

57

每个领导者都必须有牺牲小我的勇气。若要团队去完成任何有价值的事，必须拥有很大的力量。要得到这种力量，代价很高，领导者就是第一个必须为此付出的人。只有在必要时愿意做出自我牺牲，才能获得部下的信赖。

　　　　《活法贰：追求成功的热情》

58

身为企业的高层领导，综合考量战略战术也很必要。所以，必须有时在前线与士兵生死与共，有时返回后方阵地，斟酌作战方案。如此往来于前线与后方，实行指挥，这才是杰出的领导者。

《活法叁：人生的王道》

59

对于任何一家企业，追求利润、谋求自身发展都是天经地义、理所当然的事。但是我们在追逐利润的同时，又必须遵守人类社会普遍的道德法理，绝对不能利用欺骗、误导、榨取等邪恶的方式来谋求自身利益。

　　　　　　《活法肆：人生与经营的法则》

60

萧条就是考验"劳资关系的试金石"，必须把它视作是调整和再建企业良好人际关系的绝好机会。趁着萧条的机会，尽可能节减一切方面的经费。这样，当转为景气时，就能变成一个高收益体质的企业。

　　　　　　　　　　《心法贰：燃烧的斗魂》

图书在版编目（CIP）数据

稻盛开讲 . 6, 企业摆脱经济危机的五大方略 / (日) 稻盛和夫著 ; 周征文译 . — 北京：
东方出版社, 2015.1
ISBN 978-7-5060-7945-7

Ⅰ . ①稻… Ⅱ . ①稻…②周… Ⅲ . ①稻盛和夫—企业管理—经验 Ⅳ . ① F279.313.3

中国版本图书馆 CIP 数据核字 (2015) 第 014025 号

本书中文简体字版权由北京汉和文化传播有限公司代理
中文简体字版专有权属东方出版社
著作权合同登记号 图字：01-2014-8469 号

稻盛开讲6：企业摆脱经济危机的五大方略
（DAOSHENG KAIJIANG 6：QIYE BAITUO JINGJI WEIJI DE WUDA FANGLÜE）

作　　者：［日］稻盛和夫
译　　者：周征文
责任编辑：贺方
出　　版：东方出版社
发　　行：人民东方出版传媒有限公司
地　　址：北京市西城区北三环中路6号
邮政编码：100028
印　　刷：北京联兴盛业印刷股份有限公司
版　　次：2015 年 7 月第 1 版
印　　次：2021 年 7 月第 6 次印刷
印　　数：24 001-27 000
开　　本：787 毫米 ×1092 毫米 1/32
印　　张：4.125
字　　数：30 千字
书　　号：978-7-5060-7945-7
定　　价：36.00 元
发行电话：（010）85924663　85924644　85924641